全国中等职业技术学校汽车类专业

汽车维修业务接待
习题册

中国劳动社会保障出版社

图书在版编目(CIP)数据

汽车维修业务接待习题册/赵伯鸾主编. -- 北京：中国劳动社会保障出版社，2017
全国中等职业技术学校汽车类专业
ISBN 978-7-5167-3314-1

Ⅰ. ①汽… Ⅱ. ①赵… Ⅲ. ①汽车维修业-商业服务-中等专业学校-习题集 Ⅳ. ①U472.31-44

中国版本图书馆 CIP 数据核字(2017)第 302668 号

中国劳动社会保障出版社出版发行
（北京市惠新东街 1 号　邮政编码：100029）
*
三河市潮河印业有限公司印刷装订　新华书店经销
787 毫米×1092 毫米　16 开本　2.5 印张　58 千字
2017 年 12 月第 1 版　2025 年 11 月第 9 次印刷
定价：5.00 元

营销中心电话：400-606-6496
出版社网址：http://www.class.com.cn
http://jg.class.com.cn

目　录

任务一　汽车维修企业及业务接待岗位认知

活动 1　汽车维修业务接待岗位认知

一、填空题（将正确答案填写在横线上）

1. 根据国家标准《汽车维修业开业条件》（GB/T 16739—2014），按照行业管理分类，汽车维修企业可以分为________________和________________。

2. 按规模大小的不同，汽车整车维修企业可以分为________和________。

3. 汽车 4S 店是目前国内常见的一种汽车维修企业，其 4S 包括________、________、________、________。

4. 少于 100 人的中、小型汽车维修企业主要设置________、________、________和________四个职能部门。

5. 常见的汽车维修岗位有________、________、________、________、________、________。

6. 在汽车维修业务接待岗位工作的人员一般又被称为________，英文简写________。

二、选择题（将正确答案的字母填入括号内）

1.（　　）是汽车维修业务接待的工作内容之一。

A. 结算费用　　B. 维修车辆　　C. 签发合格　　D. 受理咨询

2. 汽车专项维修业户属于（　　）类维修企业。

A. 一　　B. 二　　C. 三　　D. 四

3.（　　）不是汽车维修业务接待人员的工作内容。

A. 电话预约　　B. 维修车辆

C. 推销服务及商品　　D. 电话回访

三、判断题（对的打"√"，错的打"×"）

1. 汽车 4S 店有统一的外观形象、标识、管理标准，只经营单一的汽车品牌。（　　）

2. 汽车综合性修理厂一般从事汽车专项维修，如专修汽车电器、专修汽车空调等。（　　）

3. 汽车快修店是从事汽车整车和总成维修的企业。（　　）

4. 在汽车维修业务接待岗位工作的人员一般又被称为汽车维修技师。（　　）

四、问答题

1. 简述汽车整车维修企业的定义。

2. 简述汽车维修业务接待的职责与工作内容。

3. 简述汽车维修业务接待岗位的主要职责。

五、案例分析题

小林是某汽车4S店的新入职员工，面对新鲜而陌生的岗位，他需要对企业进行全面了解。上级主管安排你对小林进行入职培训，包括为其介绍中、小型汽车维修企业组织结构、主要岗位以及各岗位职责。要求将培训的具体内容整理出来。

活动2　汽车维修业务接待礼仪与技巧

一、填空题（将正确答案填写在横线上）

1. 礼仪由礼仪的________、礼仪的________、礼仪的________和礼仪的________四个要素构成。

2. 服务礼仪的本质是指礼仪在服务行业中的____________，是从事服务工作的人员在自己的具体岗位上完成本职工作所应具备和严格遵守的____________。

3. 服务礼仪的基本要求主要有______________和______________两个方面。

4. 在服务工作中，服务人员的言行要________，态度要________，表现要________。

5. 基本的举止礼仪包括______、______、______、______、______、______、______、____________、____________。

6. 站姿的要领：一是______，二是______，三是______。

7. 道别或者握手时，接待人员的目光应正视对方的__________。

8. 在接待客户的过程中，接待人员除了做到与其______交流，同时还要保持______。

9. 交换名片的顺序一般是：______________、___________________。

二、选择题（将正确答案的字母填入括号内）

1. 维修业务接待人员在接待客户时，其语态的基本要求是（　　）。

A. 随心所欲　　B. 视客户态度

C. 亲切自然　　D. 视个人心情

2. 维修业务接待人员在受理客户投诉中要做到（　　）。

A. 客户第一　　B. 公司利益为重

C. 能推则推　　D. 不予处理

3. 维修业务接待人员因为接待工作繁忙而不能与客户洽谈时，正确的做法是（　　）。

A. 请客户离开　　B. 让维修技术人员代为接待

C. 回避客户　　D. 诚恳致歉

4. 面对愤怒的客户时，维修业务接待人员应该以平和的态度和专业化的方式对待，这包括（　　）。

A. 了解并汇总情况，提供双方均可接受的方案，然后立即按照该方案实施

B. 自行决定对待客户的方案

C. 态度诚恳地安抚客户，但是不必要给予客户补偿

D. 以上都是

5. 维修业务接待人员（　　），能够给客户留下良好的第一印象。

A. 穿着随意休闲或者职业装邋遢、不整洁

B. 当客户进入接待大厅的时候立刻与其打招呼

C. 所管理的接待区杂乱

D. 以上都包括

6. 目光交流是有效的身体语言之一，维修业务接待人员与客户的目光交流一般应保持（　　）。

A. 2 s　　B. 5 s

C. 始终直视客户的眼睛　　D. 时间尽量长

7.（　　）是与客户沟通的要点之一。

A. 称兄道弟　　B. 公事公办

C. 因地制宜，随机应变　　D. “卖弄”专业术语

8. 维修业务接待人员工作时应（　　）。

A. 随意着装　　B. 浓妆艳抹或油头粉面

C. 姿态松散　　D. 接待用语熟练

9. 维修业务接待人员接待客户时应（　　）。

A. 态度冷淡　　B. 嬉皮笑脸　　C. 语言文明　　D. 应付了事

10. 遇到客户挑剔甚至无理取闹时，维修业务接待人员应（　　）。

A. 大度、冷漠　　B. 不予理睬

C. 与之争执　　D. 耐心解释

三、判断题（对的打“√”，错的打“×”）

1. 维修业务接待人员工作时只有语言要求，没有行为要求。（　　）

2. 肢体语言是人的一种情感表达方式，因此在交谈时肢体语言运用越多越好。（　　）

3. 维修业务接待人员与客户交谈时，交谈的内容最好不要随意变化。（　　）

4. 倾听是一个消极被动的过程。（　　）

5. 因为客户的投诉无论对企业还是对销售商都会造成危害，所以维修业务接待人员一定要阻止客户进行投诉。（　　）

6. 客户抱怨是满意程度低的一种常见表达方式。如果客户没有抱怨，说明客户很满意。（　　）

7. 握手是人际交往中的重要组成部分，因此握手的力量越大、时间越长，就越可以表达诚意。（　　）

8. 为了树立“客户至上”的服务理念，维修业务接待人员对客户提出的任何要求都应满足。（　　）

四、问答题

1. 维修业务接待人员在接待客户时的接待准则有哪些？

2．维修业务接待人员接听电话时应该遵循的步骤有哪些？

3．处理客户投诉的常用技巧有哪些？

五、案例分析题

经过岗位认知的培训后，你成为一名维修业务接待实习生。主管指派你接待一位对维修价格有疑义的客户。要求填写完成下列接待文明用语和客户疑义对策表。

接待环节	文明用语		解决对策
迎宾			
问诊			
环车检查		价格疑义	
交车			
送客户			
电话回访			

活动3 “5S”现场管理实施

一、填空题（将正确答案填写在横线上）

1. “5S”是指______、______、______、______、______，“6S”是在“5S”的基础上增加了______。

2. 区分必要物品与不必要物品，坚决扔掉不必要物品，是“5S”中的______。

3. 清除工作场所内的脏污，并防止脏污的发生，保持工作场所干净、亮丽，是“5S”中的______。

4. 必要物品定置摆放，加以标识，使用时随手拿到，是“5S”中的______。

5. 养成好习惯，依规定行事，培养积极进取的精神，是“5S”中的______。

6. 维修废弃物的种类有____________、____________、_____________。

二、选择题（将正确答案的字母填入括号内）

1. 关于整理的定义，正确的是（　　）。

   A. 将所有的物品重新摆放

   B. 将工作场所内的物品分类，并把不要的物品清理掉，将生产、工作、生活场所打扫得干干净净

   C. 区别要与不要的东西，工作场所除了要用的东西以外，其他都不放置

   D. 将物品分区摆放，同时做好相应的标识

2. 关于整顿的定义，正确的是（　　）。

   A. 将工作场所内的物品分类，并把不要的物品清理掉

   B. 把有用的物品按规定分类摆放好，并做好适当的标识

   C. 将生产、工作、生活场所打扫得干干净净

   D. 对员工进行素质教育，要求员工有纪律观念

3. 关于清扫的定义，正确的是（　　）。

   A. 将生产、工作、生活场所内的物品分类，并把不要的物品清理掉

   B. 把有用的物品按规定分类摆放好，并做好适当的标识

   C. 将生产、工作、生活场所打扫得干干净净

   D. 对员工进行素质教育，要求员工有纪律观念

4. 整顿中的“三定”是指（　　）。

   A. 定点、定方法、定标识　　B. 定点、定容、定量

   C. 定容、定方法、定量　　D. 定点、定人、定方法

5. （　　）不是汽车维修企业排放的污染物。

   A. 汽车尾气　　B. 电、气焊所产生的废气

   C. 烤漆房废气　　D. 氯化氢

三、判断题（对的打“√”，错的打“×”）

1. 整理是将工作中不能发挥正面、积极效用的物品清理掉。（　）

2. 工作中的常用品是指每天用或每几天就使用一次的物品，其正确的处理方法是：整理好，放在指定区域或位置。（　）

3. 整顿是研究提高效率的科学，其本意在于流程合理化。（　）

4. 清扫就是彻底地卫生大扫除。（　）

5. 清扫属于点检，清扫的过程是检查的过程，通过清扫发现异常。（　）

6. 清洁就是维持整理、整顿、清扫后的局面，使工作人员觉得工作场所整洁、卫生。（　）

7. 素养是“5S”的重心，其不但是“5S”现场管理，更是企业经营者和各级主管所期待的。（　）

8. 汽车维修企业排放的污染主要有废液、废气、废渣。（　）

四、问答题

1. 简述“5S”现场管理的目的。

2. 简述汽车维修废弃物的种类及其处理措施。

五、案例分析题

通过学习“5S”规范，查找所在汽车维修车间的“5S”管理死角（不少于5处），并提出相应的改进措施建议。

任务二　汽车维修业务接待服务基本流程

活动1　维修业务接待前准备

一、填空题（将正确答案填写在横线上）

1. 汽车维修业务接待的工作流程：________、________、______________、______________、__________、________、____________。

2. 接待客户时，汽车维修业务接待人员需要当面给客户的汽车套上防护用车内三件套，包括________、__________、__________。

3. 接车单是汽车维修业务接待人员记录送修车辆______________和______________的单据，是客户______________的重要单据。

4. 接车单中一般包含________________、________________、________________等基本项。

5. 维修业务接待工作大致可以分为两个阶段：_______________阶段和_______________阶段。

二、选择题（将正确答案的字母填入括号内）

1. 除了（　　），其余各项都是包含在维修工单上的有关客户信息的项目。

A. 客户姓名　　B. 客户地址　　C. 移动电话号码　　D. 客户职务

2. （　　）不属于客户接待的纲要。

A. 确定并记录客户的要求　　B. 准备维修工单所需信息

C. 解释维修项目　　D. 送小礼物

3. 汽车维修业务接待工作是汽车维修工作的重要组成部分，但是它不包括（　　）。

A. 接待工作程序　　B. 业务内容解说

C. 工作内容与要求　　D. 组织安全生产

三、判断题（对的打“√”，错的打“×”）

1. 制动液含水量过高会导致沸点降低，但是不影响汽车的制动性能。（　　）

2. 制动液含水量检测仪（或检测笔）的彩色发光二极管一旦亮起绿色，表示电池正常，即制动液中不含水。（　　）

3. 白色手套用于检查各类油液是否泄漏，或者用于检查车辆精致配饰及接触车内贵重物品。（　　）

4. 接车单中一般包含车辆基本信息栏、环车检查图、客户故障表述栏等基本项。（　　）

5. 在维修业务接待过程中，如果客户时间紧迫，维修业务接待人员可以不为其车辆铺设车内三件套。（ ）

四、问答题

1. 简述丰田公司的“七步法”维修业务接待程序。

2. 制动液含水量检测仪（或检测笔）彩色发光二极管亮的含义。

彩色发光二极管的颜色	亮的含义

五、案例分析题

某客户预约明日到店送修车辆，汽车维修业务接待人员应为接待客户提前做好准备工作。在下表中正确填写汽车维修业务接待流程的各个阶段及该阶段需要准备的相应工具。

汽车维修业务接待的阶段	工具准备

活动2 客户预约

一、填空题（将正确答案填写在横线上）

1. 汽车维修企业可以根据客户的预约，合理地安排____________、_________和________，避免时间和人员的浪费，从而提高工作效率和客户满意度。

2. 汽车维修业务接待人员在客户预约工作中所应用的工具主要有______________、________________、________________、____________、预约欢迎牌、预约车顶牌。

3. 维修预约的类型有两种：________预约和________预约。

4. 通常两辆车的预约时间段间隔为__________分钟。

5. 如果预约不能如期进行，汽车维修业务接待人员应尽快_________，致歉并__________。

二、选择题（将正确答案的字母填入括号内）

1. 对待非预约客户的正确做法是（　　）。

   A. 热情接待他们，同时解释预约方式的好处

   B. 请非预约客户改日再来，因为维修进度已经安排满了

   C. 在当前客户的维修工作完毕后，把下一个预约客户的时间往后推，来接待临时

加入的非预约客户

D. 以上都可以

2. 在接听客户来电时，汽车维修业务接待人员应在电话响（　　）声以内接通电话，以表示对客户的尊重。

A. 5　　B. 4　　C. 3　　D. 2

3.（　　）不属于客户预约的纲要。

A. 确定并记录客户的要求　　B. 准备维修工单所需信息

C. 准备客户欢迎广告牌　　D. 安排好客户车辆的维修技术人员

4.（　　）属于被动预约。

A. 在行驶过程中车辆突然发生故障　　B. 汽车换季保养

C. 车友会　　D. 促销活动

5. 预约时，汽车维修业务接待人员不必提醒客户携带的物品有（　　）。

A. 机动车行驶证　　B. 保养手册

C. 购车发票　　D. 随车工具

6. 以下对预约的认识中正确的是（　　）。

A. 客户给服务站打电话约定维修时间才叫预约

B. 预约时因为没有检查客户的车辆，所以不需要报价

C. 预约时报虚价才能吸引客户来店

D. 预约过程中应该消除客户的疑问

三、判断题（对的打“√”，错的打“×”）

1. 预约是汽车维修服务流程的一个重要环节，它提供了立即与客户建立良好关系的机会。（　　）

2. 企业必须履行自己在进行预约工作时的承诺，所有预约内容必须到位，从而充分体现预约的好处。（　　）

3. 预约可以减少客户车辆的维修等待时间，便于汽车维修业务接待人员和汽车维修技术人员安排工作。（　　）

4. 主动预约是指客户主动联系经销商进行维修保养的预约。（　　）

5. 在预约过程中，汽车维修业务接待人员应该询问客户的姓名、职业、车型、车牌号、联系电话等。（　　）

四、问答题

1. 简述汽车维修业务接待人员与客户商讨预约的方法，以及协商的内容。

2．预约的注意事项有哪些？

五、案例分析题

李先生在某4S店新购置一辆丰田凯美瑞轿车，车牌为苏C×××××。首保期限将至，李先生致电4S店提出7月1日上午9：00到店保养。汽车维修业务接待人员检查预约记录，发现当日上午8：00—10：30已被其他客户预约。

1．扮演汽车维修业务接待人员，接听李先生的预约来电，完成任务表述中的预约服务，协商合适的预约时间段。写下预约电话中与客户沟通的要点。

2．填写预约单，并制作个性化的预约欢迎牌。

预约单

预约时间		牌照号码		车型	
客户姓名		联系电话		接待人	
预约内容					

活动3　接车与制单

一、填空题（将正确答案填写在横线上）

1. 环车检查的主要内容有__________检查、车内________和________检查、________和__________检查等。

2. 环车检查表所示项目由______________________________进行检查，并且规范填写。

3. 环车检查时，应检查刮水片是否__________，或有__________。

4. 在接车环节中最重要的两项工作是填写_______________和签订__________________。

5. 在安排好送修客户后，汽车维修业务接待人员应把车辆开到__________。

6. 车辆外观检查时，汽车维修业务接待人员应对车辆近距离________检查，在距离检查部位______处，从______面和各个______面进行检查。

二、选择题（将正确答案的字母填入括号内）

1. 在问诊过程中，如果客户向汽车维修业务接待人员无休止地唠叨，正确的应对方法是（　　）。

A. 面带假笑，斜眼看客户

B. 正面、积极地回应客户关注的问题

C. 冷漠，不予理会

D. 先置之不理，等客户唠叨完后再处理

2. 为了避免客户提车时产生不必要的误会或纠纷，汽车维修业务接待人员在车辆进入维修车间前必须与（　　）一起对车辆进行环车检查。

A. 客户　　B. 组长

C. 维修技术人员　　D. 汽修车间负责人

3. 为了让客户更多地说明车辆的问题点，汽车维修业务接待人员应该向客户提出（　　）问题。

A. 探询式　　B. 描述性　　C. 封闭式　　D. 开放式

4. 汽车维修业务接待人员在接待客户并进行维修前预检时，不需要对车辆进行（　　）检查。

A. 车辆外观　　B. 随车物品

C. 车辆故障　　D. 仪表各功能键

E. 发动机舱

5. 汽车维修业务接待人员应将车辆环车检查的结果记录在（　　）上。

A. 接车单　　B. 预约工单　　C. 问诊表　　D. 质量保证书

6. 下列对预检工作的认识正确的是（　　）。

A. 与客户一同检查车辆

B. 等待维修技术人员进行车辆故障现象的诊断

C. 车辆需要路试时，考虑是否需要维修技术人员参与

D. 对疑难问题或需要长时间诊断的问题应向客户说明

7. 下列内容中，（　　）不是汽车维修业务接待人员接车时就应在任务委托上标明，并必须让客户签字确认的内容。

A. 行驶里程　　　　B. 旧件保留方式

C. 燃油量　　　　D. 主修人

三、判断题（对的打“√”，错的打“×”）

1. 汽车维修合同必须按照平等互利、协商一致、等价有偿的原则签订，承修、托修双方签字盖章后生效。（　　）

2. 汽车维修业务接待人员在接待客户时，应对车辆进行环车检查，注意有无车身损伤，并提醒客户是否需要额外服务。（　　）

3. 接车时，汽车维修业务接待人员应尽快了解客户需求，开具维修工单，经客户签字后，在车辆内铺上防护用车内三件套，及时将车送至车间维修。（　　）

4. 在环车检查时，故障再现的工作不属于汽车维修业务接待工作范畴。（　　）

5. 环车检查表主要对环车检查项目进行标注和确认，并且作为维修后交车时的车辆原始状况的凭证。（　　）

四、问答题

1. 在客户对维修工单签字确认之前，汽车维修业务接待人员必须向客户说明哪五个问题？

2. 简述车辆进行环车检查的目的和意义。

五、案例分析题

根据学校教学用车的情况，正确填写下列环车检查任务计划表。

环车检查任务计划表

环车检查部位图	
车辆位置	检查内容
1	
2	
3	
4	
5	
6	
7	
8	

活动4 维修监控

一、填空题（将正确答案填写在横线上）

1. 维修进度管理看板是______________人员、_________人员、_________人员对车辆维修进程进行有效沟通的直观工具，需要每个工种紧密配合，服务经理进行有效监督，才能达到较好的效果和较高的工作效率。

2. 在汽修企业里，派工有两种方法：一种是由_____________进行派工，另一种是由______________________直接派工。

3. 派工时应该优先安排__________车辆和___________车辆，一般维修按车辆到达的__________安排。

4. 一般大型汽车维修企业采用______________的形式进行派工。

5. 在接待客户过程中，汽车维修业务接待人员应该和在休息区等候的客户进行_____~_____次的沟通，告知客户最新的进展情况和服务安排变动。

二、选择题（将正确答案的字母填入括号内）

1. 当客户拒绝某项必要的维修时，汽车维修业务接待人员应采取（　　）的方式进行处理。

   A. 在结算单上注明该情况，并请客户签字确认

   B. 告知客户该项目的必要性，然后直接施工

   C. 接受客户意见，完成原有项目即可

   D. 请维修技术人员说服客户

2. 在车辆维修过程中，（　　）是汽车维修业务接待人员应该采取的正确做法。

   A. 仅需关心一般维修客户，无须关心快速保养客户

   B. 经常关怀客户，并告知维修进度

   C. 应询问客户结账金额是否足够

   D. 应帮忙洗车和提前交车

3. 关于准时完工的说法正确的是（　　）。

   A. 只需要维修技术人员在预估的完工时间前完工

   B. 预估的完工时间是可交车给客户的时间

   C. 在控工板上，磁条的时间长度就是从开始维修到给客户交车的时间长度

   D. 向客户交车时，可不必向其着重强调客户的车在预定的时间内完成

4. 在维修接待过程中，汽车维修业务接待人员需要掌握车辆的（　　）。

   A. 维修项目　　B. 维修进度　　C. 配件供应情况　　D. 维修技术人员

5. 当（　　）时，汽车维修业务接待人员需要马上联系客户。

   A. 维修技术人员检查出额外的故障

   B. 根据工作情况安排维修技术人员

C. 维修技术人员照常进行维修

D. 完成预约，启动维修工单

三、判断题（对的打“√”，错的打“×”）

1. 为了节省时间，待修车辆进行某些小修项目时，汽车维修业务接待人员可以先通知维修车间修理，再通知客户。（ ）

2. 从修理开始到最终完成的过程中，客户的车辆应完全由维修车间负责，汽车维修业务接待人员可以不参与。（ ）

3. 当维修用零件无库存时，库管人员可将零件到货期及价格通知汽车维修业务接待人员，而汽车维修业务接待人员不需要向客户确认修理是否进行。（ ）

4. 汽车维修业务接待人员可以自行处理汽车维修更换下来的旧件，无须通知客户。（ ）

5. 汽车维修业务接待人员需在维修开始时检查维修工作调度是否到位，并在约定交车时间的半小时前再次检查。（ ）

四、问答题

1. 简述派工单中必须向客户说明的要点。

2. 维修作业内容监控就是监督维修工作的进程，其主要体现在哪些方面？

五、案例分析题

王先生的汽车因为制动不良的故障到某汽车 4S 店进行维修，经过检查发现故障原因为四轮制动片过度磨损，需要进行更换。王先生与汽车维修业务接待人员约定好取车的时间和维修费用后离开。但是，在维修过程中，维修技术人员发现车辆前轮制动盘的磨损超过极限，也需要进行更换。维修技术人员为了不影响车辆的制动效果和保证维修质量，自行对前轮制动盘进行了更换。另外，因市场价格波动，制动片的市场单价比约定单价高出 20 元/片。此外，因为生产厂家货物配送延迟，造成王先生的汽车不能按照约定的时间交车。王先生对此次维修的总费用超支和交车延迟感到非常不满意。

在上述维修案例中，汽车维修业务接待人员没有尽到岗位职责，造成客户对维修服务及维修费用的不满。

1. 简要分析汽车维修业务接待人员的主要失职之处。

2. 面对上述维修过程中出现的状况，汽车维修业务接待人员按规定应该如何处理？

活动5 竣工质检

一、填空题（将正确答案填写在横线上）

1. 一级质量检查是由______________负责的自我检查。

2. 二级质量检查是由______________负责的维修质量检查。

3. 三级质量检查是由______________或_________________________负责的最终检查，又称为______________。

4. 小修质保期：出厂后______天或行驶里程为________km，两者以先发生者为准。

5. 二级维护质保期：出厂后______天或行驶里程为________km，两者以先发生者为准。

6. 大修质保期：出厂后______天或行驶里程为________km，两者以先发生者为准。

7. “四漏”是汽车各个总成或零部件存在的________、________、________、________现象的简称。

二、选择题（将正确答案的字母填入括号内）

1. 车间完成维修质检，然后将工单交至前台，此时汽车维修业务接待人员首先应（　　）。

A. 立即致电车主，告知可以取车

B. 进行交车前检查

C. 请客户立即填写客户满意度调查表

D. 亲自进行路试

2. 汽车维修业务接待人员应配合客户对修竣车辆进行验收，填写验收交接记录，并让客户签字确认。验收通过后，汽车维修业务接待人员应告知客户（　　）。

A. 车辆故障原因　　B. 今后行车的注意事项

C. 质量保证期等相关内容　　D. 办理结算手续

3. 在车辆维修时，应该在（　　）质检阶段检查车辆各系统有无“四漏”现象。

A. 一级　　B. 二级　　C. 三级　　D. 竣工

4. 一级质检合格后，维修技术人员应在维修工单上签字，并把车辆连同更换的配件、工单与钥匙等交予（　　）。

A. 质检员　　B. 汽车维修业务接待人员

C. 客户　　D. 车间主管

三、判断题（对的打“√”，错的打“×”）

1. 车辆竣工后，维修车间的质检人员完成终检即可交付车辆，无须汽车维修业务接待人员邀请客户一起进行车辆检查。（　　）

2. 进厂维修或保养的车辆由车间维修技术人员进行质检。（　　）

3. 三级质检是由终检人员或者汽车维修接待人员进行的最终检查，又称为竣工质检。（ ）

4. 质检员确定维修车辆出现问题而必须返工作业时，应确定车辆出现问题的原因。（ ）

四、问答题

1. 绘制汽车维修的竣工质检流程图。

2. 发动机舱检查的项目和内容有哪些？

五、案例分析题

王先生的卡罗拉轿车因喇叭不响进某汽车4S店维修，检查结果需要更换汽车喇叭。王先生提出保留拆下的旧件，同时将车辆后备厢中的钓鱼工具箱寄存在店内。另外，王先生还要求4S店帮助检查汽车轮胎。

现在车辆维修完毕，进行三级质检。按照上述所设情景填写车辆三级质检表（包括三级质检中的检查人、交付物品、具体每级质检的检查内容）。

车辆三级质检表

质检级别	检查人	交付物品	具体检查内容
一级			
二级			
三级			
质检结果			

活动6　结算与交车

一、填空题（将正确答案填写在横线上）

1. 对于较复杂的维修项目，______________人员应向_________人员进行咨询、确定，以便向_________进行说明。

2. 如果客户没有特别要求，一般在_________后应为客户_________车辆内外，保证车辆的美观与洁净。

3. 依据维修工单所罗列的所有项目（包括__________、________、________的种类和数量、附加维修项目等），汽车维修业务接待人员应按行业标准规定开具____________。

4. 维修费用包括维修诊断费、检测费、_________、_________、加工费和其他费用。

5. 汽车维修业务接待人员通知客户取车时，不仅要约定取车时间，而且要对车辆的___________、__________及___________达成一致。

6. 当客户结算完维修费用时，汽车维修业务接待人员依然需要热情地提醒客户_____________和________________。

二、选择题（将正确答案的字母填入括号内）

1．关于汽车维修业务接待人员的交车过程，下列描述错误的是（　　）。

A．探询客户对该次维修保养内容的理解程度

B．填写车辆使用方面建议

C．客户拒绝维修的项目须口头告知

D．提醒下次保养时间及预约方式

2．（　　）是不包含在结算单中的内容。

A．维修项目　　B．客户签字　　C．完工时间　　D．工时费

3．交车时，如果客户对维修效果提出异议，汽车维修业务接待人员应该（　　）。

A．回绝客户，指出车辆完全修复

B．尽量向客户解释，在条件允许下向客户演示修复

C．让客户找维修技术人员

D．带客户到服务经理处，由服务经理进行处理

4．当车辆修理完毕时，汽车维修业务接待人员陪同客户取车，（　　）不属于向客户提醒的内容。

A．下次维护保养的时间

B．24 小时客户服务热线的号码

C．确认合适的跟踪回访时间和客户选择的联系方式

D．请求客户定期跟经销商联系，了解有关的市场促销活动

5．汽车维修业务接待人员在客户交车前不应进行（　　）。

A．车辆清理　　B．清点物品　　C．外观检查　　D．路试诊断

6．向客户交车时，下列行为错误的是（　　）。

A．所有数据都由汽车维修业务接待人员保留

B．解释维修过的项目

C．指出此次修理过程中发现的其他问题

D．追加维修项目，以增进收益

三、判断题（对的打“√”，错的打“×”）

1．在通知客户交车之前，汽车维修业务接待人员无须再次确认维修工单上列出的项目是否高质量地完成。（　　）

2．如果维修工单上注明了客户要求带走维修旧件，汽车维修业务接待人员应将旧件包装好，放在客户指定的位置。（　　）

3．如果客户没有特殊要求，一般在维修作业后不需要为客户清洗车辆。（　　）

4．结算清单中包含维修项目、工时、材料和附加维修项目以及其他说明内容。（　　）

5．在结算时如果发现额外的维修费用，汽车维修业务接待人员应在客户取车之前与客户进行沟通，以免为交车带来麻烦。（　　）

四、问答题

1. 绘制结算与交车的流程图。

2. 汽车维修业务接待人员在交车时有哪些举动可以表现出对客户的关怀？

五、案例分析题

王先生的车辆已经完成 15 000 km 保养作业。但在保养过程中，维修技术人员发现车辆的发动机水泵损坏，需要更换；冷却液低于最低极限，需要补给或者更换。汽车维修业务接待人员与王先生沟通并取得其同意后，维修技术人员对发动机水泵和冷却液进行了更换。

工时费用：工时费单价为20元，15 000 km保养所用工时为10个工时，更换水泵所用工时为2个工时，更换冷却液的工时定额为0.5个工时。

材料费用：15 000 km保养的材料费包括机油260元、机滤40元、空滤40元，维修的材料费包括发动机水泵120元、冷却液80元。

其他费用：40元。

计算王先生为此次维修保养需要支付的费用，并且填写结算清单。

机动车维修费用结算清单

表一　维修费用结算表（维修费用＝维修诊断费＋检测费＋材料费＋工时费＋外加工费＋其他费用）

序号	费用名称	金额（元）	备注
1	维修诊断费		
2	检测费		
3	材料费		
4	工时费		
5	外加工费		
6	其他费用		
合计金额（元）		实收金额（元）	
实收金额大写（元）			

表二　材　料　费

序号	材料名称	厂牌规格	单位	数量	单价（元）	金额（元）	备注
1							
2							
3							
4							
5							
托修方自备配件							
材料费合计金额（元）							

表三　工　时　费

序号	维修项目	结算工时	金额（元）	备注
1				
2				
3				
合计工时		工时费合计金额（元）		

活动7　跟 踪 回 访

一、填空题（将正确答案填写在横线上）

1. 回访方式包括__________回访、__________回访、__________回访。

2. ____________________根据对每个客户的回访记录表整理汇总成电话回访客户________________。

3. 在客户到店完成一次售后服务后，汽车维修业务接待人员应在______天内对客户进行跟踪回访。

4. 汽车维修业务接待人员一旦发现客户有着强烈的不满情绪，应及时向____________汇报，在____天内调查清楚情况，给客户一个满意的解释。

二、选择题（将正确答案的字母填入括号内）

1. 关于客户在接受车辆维修保养服务后的回访，汽车维修业务接待人员的正确做法是（　　）。

A. 尽可能应允客户有电话答复

B. 在客户离开后的 5 天内，应和客户进行 3 次电话沟通

C. 1 个月后再做客户满意度的跟踪调查

D. 维修后须在 3 天内对客户进行电话跟踪服务

2. 汽车维修业务接待人员在解决客户抱怨时，除了正确处理引起客户不满的原因外，关键要（　　）。

A. 放松客户心情　　　　B. 采取补救措施

C. 积极面对　　　　　　D. 尽量降低成本

3. 汽车维修业务接待人员致电客户，进行有效的跟踪服务时，首先应该（　　）。

A. 自我介绍，表明致电客户的目的　　B. 叫出客户姓名

C. 主动询问“车没问题吧”　　　　　D. 和客户拉家常

三、判断题（对的打“√”，错的打“×”）

1. 汽车维修业务接待人员可以在任何时间给客户拨打电话，进行电话回访。（　　）

2. 回访表是汽车维修业务接待人员记录维修保养服务质量和客户满意度的单据，以及向服务经理汇报售后服务情况和客户期望变化的主要依据。（　　）

3. 从客户到店完成一次售后服务后，在一周内汽车维修业务接待人员应对客户进行跟踪回访。（　　）

4. 如果在回访中发现客户有强烈的不满情绪，汽车维修业务接待人员可以向服务经理汇报，等待领导做出决策。（　　）

5. 当无法用电话联系到客户时，汽车维修业务接待人员可以放弃联系，停止跟踪回访。（　　）

四、问答题

1. 电话跟踪回访的内容包括什么？

2. 绘制汽车维修业务接待人员进行电话跟踪回访的流程图。

五、案例分析题

李女士于前一天在某汽车 4S 店完成了车辆刮水片的更换和空调系统的检修项目。汽车维修业务接待人员在第二天要对李女士进行电话回访。要求帮助汽车维修业务接待人员编写具体电话回访的提纲。

任务三　汽车维修业务接待的其他工作

活动 1　保险车辆理赔与索赔管理

一、填空题（将正确答案填写在横线上）

1. 汽车三包是指汽车的________、________、________。

2. 车辆续保时，车辆商业险中的基本险包括____________、____________________、______________。

3. 家用汽车产品包修期限不低于______年或者行驶里程________km，以两者先发生者为准；家用汽车产品三包有效期限不低于______年或者行驶里程__________km，以两者先发生者为准。家用汽车产品包修期和三包有效期自销售者开具____________之日起计算。

4. 车险种类按性质可以分为____________与____________。____________是国家规定强制购买的保险；________是非强制购买的保险，车主可以根据实际情况进行购买。

5. 根据保障的责任范围，车险可以分为__________和__________。

6. 基本险有四个独立的险种，即：______________、____________、______________、__________________。

7. 按规定，只有先投保第三者责任险，才能投保其____________险。

8. 保险理赔人员总结出的八字理赔原则是：________、________、________、________。

二、选择题（将正确答案的字母填入括号内）

1. 三包索赔费用由（　　）负责支付。

A. 客户　　B. 特约维修服务站

C. 汽车生产厂家　　D. 汽车 4S 店

2. 只有投保了车辆损失险和第三者责任险，才可投保的附加险为（　　）。

A. 全车盗抢险　　B. 车载货物损失险

C. 自燃险　　D. 不计免赔特约险

3. 新车上牌前必须投保（　　），否则不能上牌。

A. 车损险　　B. 第三者责任险

C. 交强险　　D. 全车盗抢险

4. 保险人应在与被保险人达成赔偿协议后（　　）日内支付赔款。

A. 15　　B. 20　　C. 30　　D. 10

5. 汽车三包针对的对象是（　　）。

A. 政府采购用车　　B. 企业经营用车

C. 家用汽车　　　　　　　　　　　　D. 以上皆是

三、判断题（对的打"√"，错的打"×"）

1. 汽车销售商向客户交付汽车产品时应告知客户汽车产品三包承诺的具体内容。（　）

2. 汽车在三包有效期内的一切维修费用都是免费的。（　）

3. 在汽车三包有效期内，交通事故造成的损坏属于三包质量担保范围。（　）

4. 车辆故障由重大产品质量缺陷引起，车辆的修复达不到国家相关技术标准，可以申请索赔整车。（　）

5. 机动车交通事故责任强制保险只承保机动车上的人员、被保险人之外的第三人所遭受的损害。（　）

6. 第三人所遭受的损害不仅包括人身损害和财产损失，而且包括精神损害。（　）

7. 如果投保了不计免赔特约险，一旦车辆发生保险事故，保险公司不再按原免赔规定进行免赔，而按规定计算的实际损失给予赔付。（　）

8. 在车辆出险后，车主要保护现场，除了向交通管理部门报案外，还要及时向公安机关报案。（　）

9. 按照规定，只有先投保车辆损失险，才能投保附加险。（　）

10. 每个险别（不计免赔）可以独立投保。（　）

四、问答题

1. 简述汽车三包的含义和汽车三包的期限。

2. 简述在家用汽车产品三包有效期内，存在哪些情况之一时，经营者对所涉及产品质量问题可以不承担所规定的三包责任。

3. 汽车保险的种类有哪些？

4. 汽车召回制度与汽车三包制度有哪些方面的区别？

五、案例分析题

周先生驾驶嘉年华轿车时不慎与另一车发生剐蹭，造成自已车辆的左前门、左后门油漆损坏，而对方车辆的前保险杠左侧及左前叶子板油漆刮伤。周先生致电某汽车4S店，询问如何报保险公司处理。汽车维修业务接待人员中负责保险事务的保险专员和周先生交流车辆剐蹭事故的具体情况，并向其说明车辆事故处理流程。要求将要点记录在下面空白处。

活动 2　车辆识别和汽车配件管理

一、填空题（将正确答案填写在横线上）

1. 国产轿车的 VIN 码大多可以在__________________、__________________找到。
2. 汽车上不易损坏的零部件称为__________。
3. 根据我国汽车配件市场供应的实用性原则，汽车配件分为__________、__________、______________和__________四类。
4. 汽车零部件分为____________零部件、__________零部件、______________零部件、__________产品和__________件，共五大类。
5. 按照生产来源的不同，汽车配件可以分为__________、________和________三类。
6. 汽车配件采购是由________产生的，一般认为采购是对__________做出的反应。
7. 库房管理包括配件从________至________为止的全部过程。
8. 按照旧件回收管理方法，三包旧件交给__________，三包外旧件交给______________。

二、选择题（将正确答案的字母填入括号内）

1. 汽车 VIN 码如同汽车的身份证，由（　　）位数字和字母组成。
   A. 15　　B. 16　　C. 17　　D. 18
2. 汽车 VIN 码中的第十位表示车辆生产年份。如果汽车第十位 VIN 码为 B，表示汽车是（　　）年生产的。
   A. 2008　　B. 2009　　C. 2010　　D. 2011
3. 汽车 VIN 码的第一、第二位是由美国汽车工程学会（SAE）预先分配给世界各个地区和国家的，中国的为（　　）。
   A. 5A ~ 5Z　　B. LA ~ LZ　　C. JA ~ JZ　　D. 1A ~ 1Z
4. 汽车 VIN 码为 LSVHJ133022221761，表明该车是由（　　）公司生产的。
   A. 上海大众　　B. 一汽大众　　C. 上海通用　　D. 一汽丰田
5. 下列零件中，（　　）属于发动机易耗件。
   A. 回位弹簧　　B. 制动器　　C. 点火线圈　　D. 减振器
6. 下列各项中，不属于汽车配件质量鉴别法的是（　　）。
   A. 看商标　　B. 看几何尺寸　　C. 看包装　　D. 看文件资料

三、判断题（对的打"√"，错的打"×"）

1. 除了外面的车门外，汽车标牌贴在任何部位均可。（　　）
2. 汽车维修企业中，一般把汽车零部件和耗材统称为汽车配件。（　　）
3. 在汽车维修企业的经营管理中，汽车生产厂编码具有唯一性，无须为配件进行自编号工作。（　　）
4. 配件库房管理工作具有客观性的特点。（　　）

5. 备件号接近、备件外观接近的备件最好紧挨着存放。 (　　)

6. 三包、修理领用配件时，配件管理人员必须在领用人交回相应旧件后才可发放新件。 (　　)

四、问答题

1. 简述车辆识别代码的定义、组成与作用。

2. 简述配件的库房管理制度。

五、案例分析题

张女士的帕萨特轿车在维修中更换了配件，但在配件质保期中该配件又出现了问题，该车辆返厂，张女士再次要求维修。汽车维修业务接待人员根据下列流程图列出接待张女士的程序。

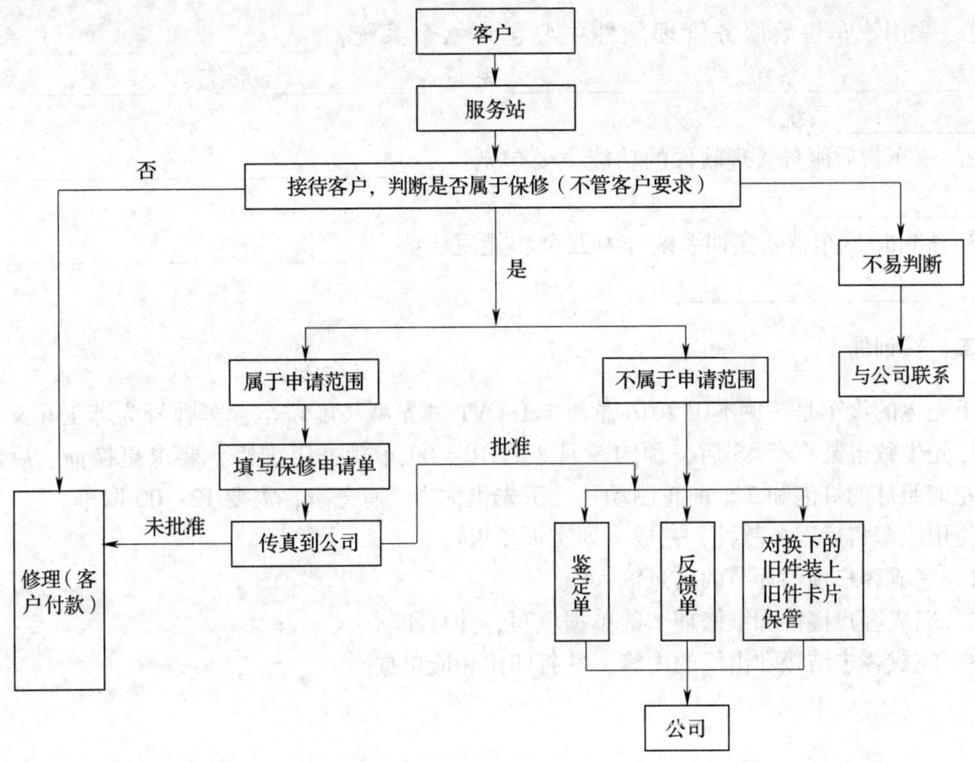

活动3　汽车售后服务管理软件使用

一、填空题（将正确答案填写在横线上）

1. 常用汽车售后服务管理软件主要包含六个系统：______________系统、______________系统、______________系统、______________系统、______________系统、______________系统。

2. 汽车售后服务管理软件的功能主要包括：______________、______________、______________。

3. Minjie 汽车营销实训系统分为五个功能模块：__________、__________、__________、__________、__________。

二、实训题

王先生的汽车是一辆本田 2016 款 1.5 L CVT 领先型飞度轿车，车牌号为苏 E××××× 。王先生致电某汽车 4S 店，预约 5 月 3 日 10：00 车辆进店维修，要求更换前、后刮水片，左前照灯的灯泡和 2 个前轮制动片。王先生称当天有急事，需要 12：00 取车。

使用汽车售后服务软件，完成下列实训要求：

1. 完成客户预约环节的信息输入。
2. 完成客户接待和维修环节的单据填写，并打印。
3. 完成客户结账和出厂的内容，并打印出相应单据。